Carl Millöcker, F. Zell

Der Bettelstudent

komische Operette in 3 Acten

Carl Millöcker, F. Zell

Der Bettelstudent
komische Operette in 3 Acten

ISBN/EAN: 9783742898111

Hergestellt in Europa, USA, Kanada, Australien, Japan

Cover: Foto ©Thomas Meinert / pixelio.de

Manufactured and distributed by brebook publishing software (www.brebook.com)

Carl Millöcker, F. Zell

Der Bettelstudent

DER BETTELSTUDENT.

Komische Operette in 3 Acten von F. Zell und Richard Genée.

MUSIK von
C. MILLÖCKER.

Vollständiger Clavierauszug mit Text vom Componisten.   Clavierauszug ohne Worte von A. Oelschlegel.

Pr. M. 12.— netto   Pr. M. 4. 50 netto
Fl. 6. 30.   Fl. 2. 70.

London, Ent. Sta. Hall.
Eigenthum des Verlegers.   Mit Vorbehalt aller Arrangements.

Hamburg, Aug. Cranz.   Brüssel, A. Cranz.

Wien, C. A. Spina.
(Alwin Cranz)

Introduction.

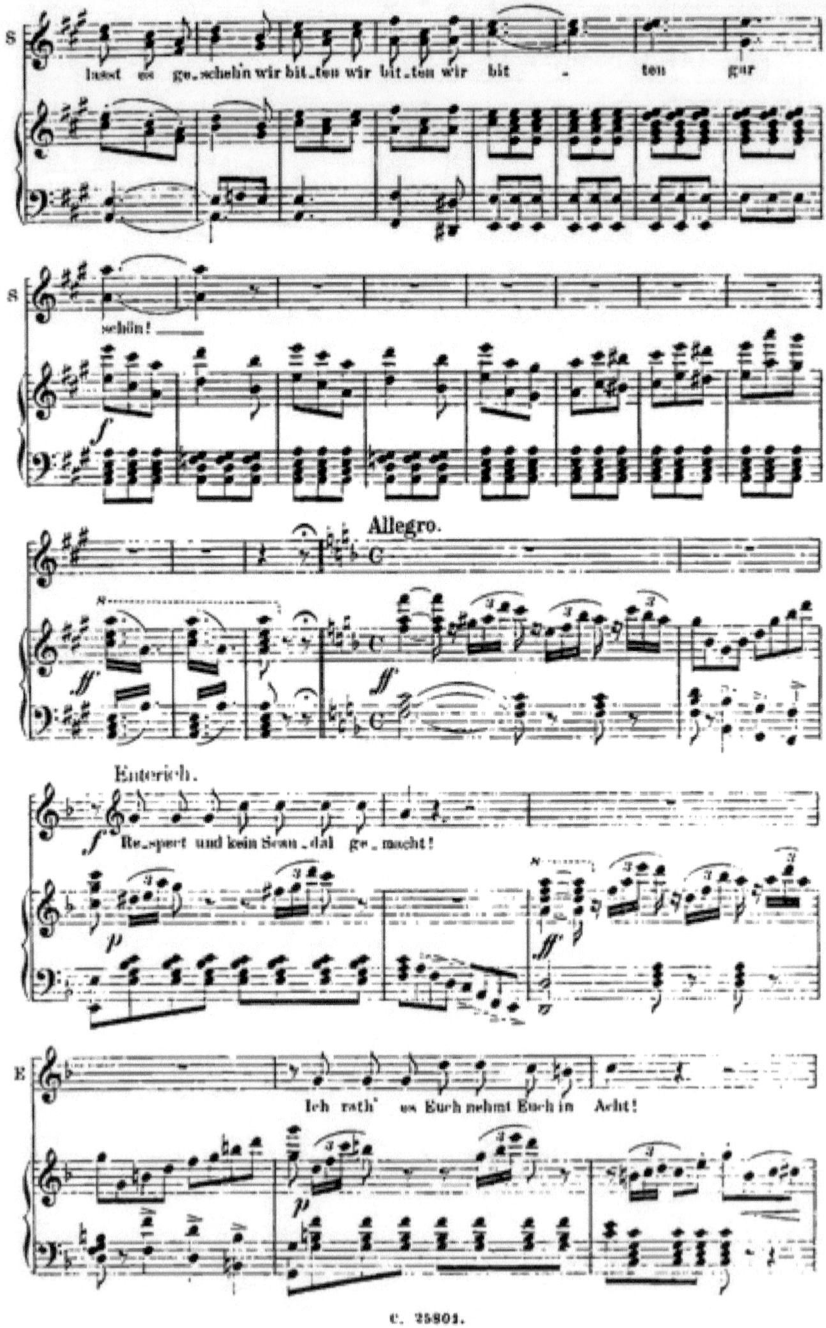

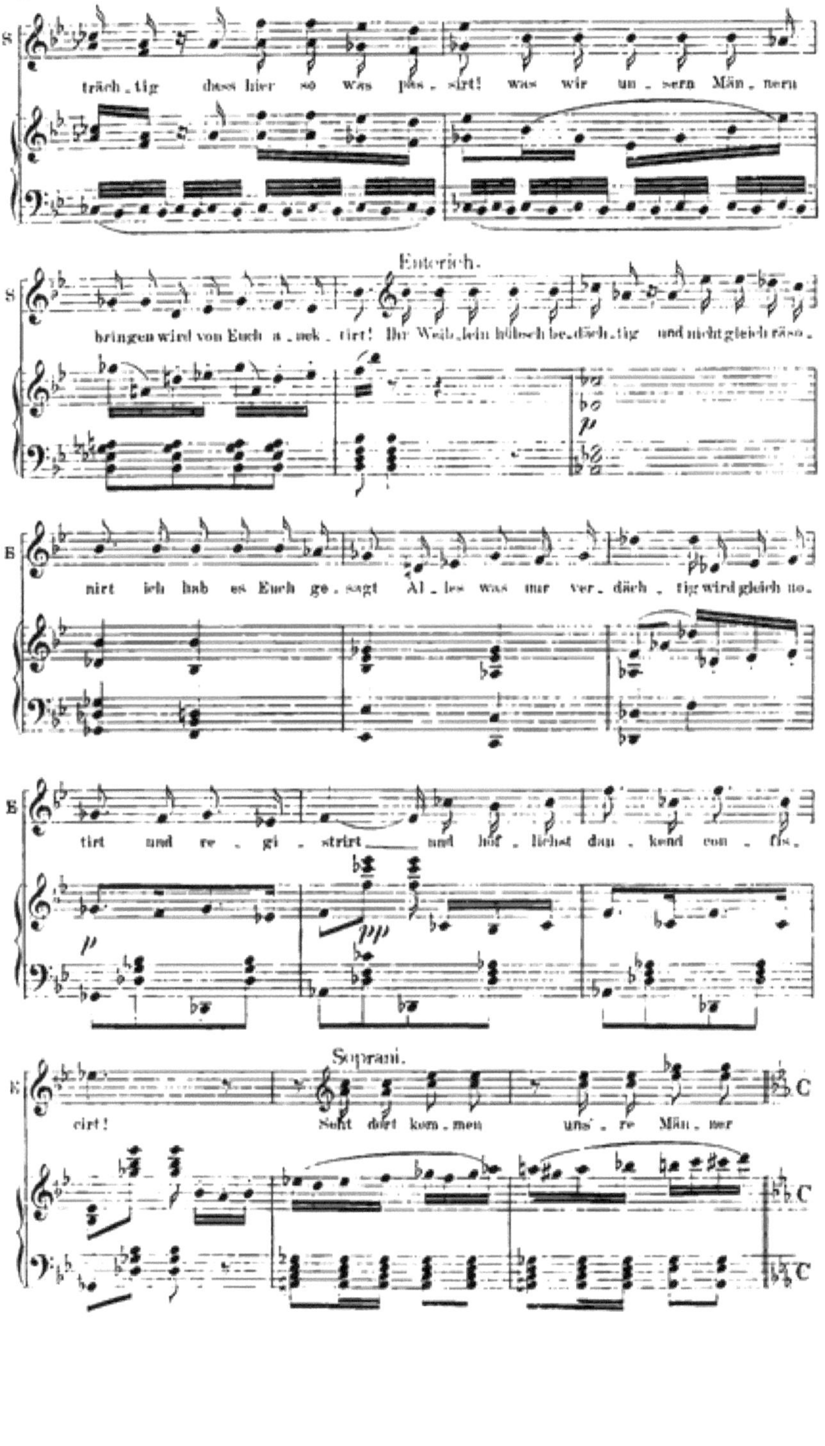
träch_tig dass hier so was pas_sirt! was wir un_sern Män_nern
Enterich.
bringen wird von Euch a_nek_tirt! Ihr Weib_lein hübsch be_däch_tig und nicht gleich räso_
nirt ich hab es Euch ge_sagt Al_les was mir ver_däch_tig wird gleich no_
tirt und re_gi_strirt und höf_lichst dan_kend con_fis_
Soprani.
cirt! Seht dort kom_men uns_re Män_ner

№ 2. Auftritt Ollendorfs.

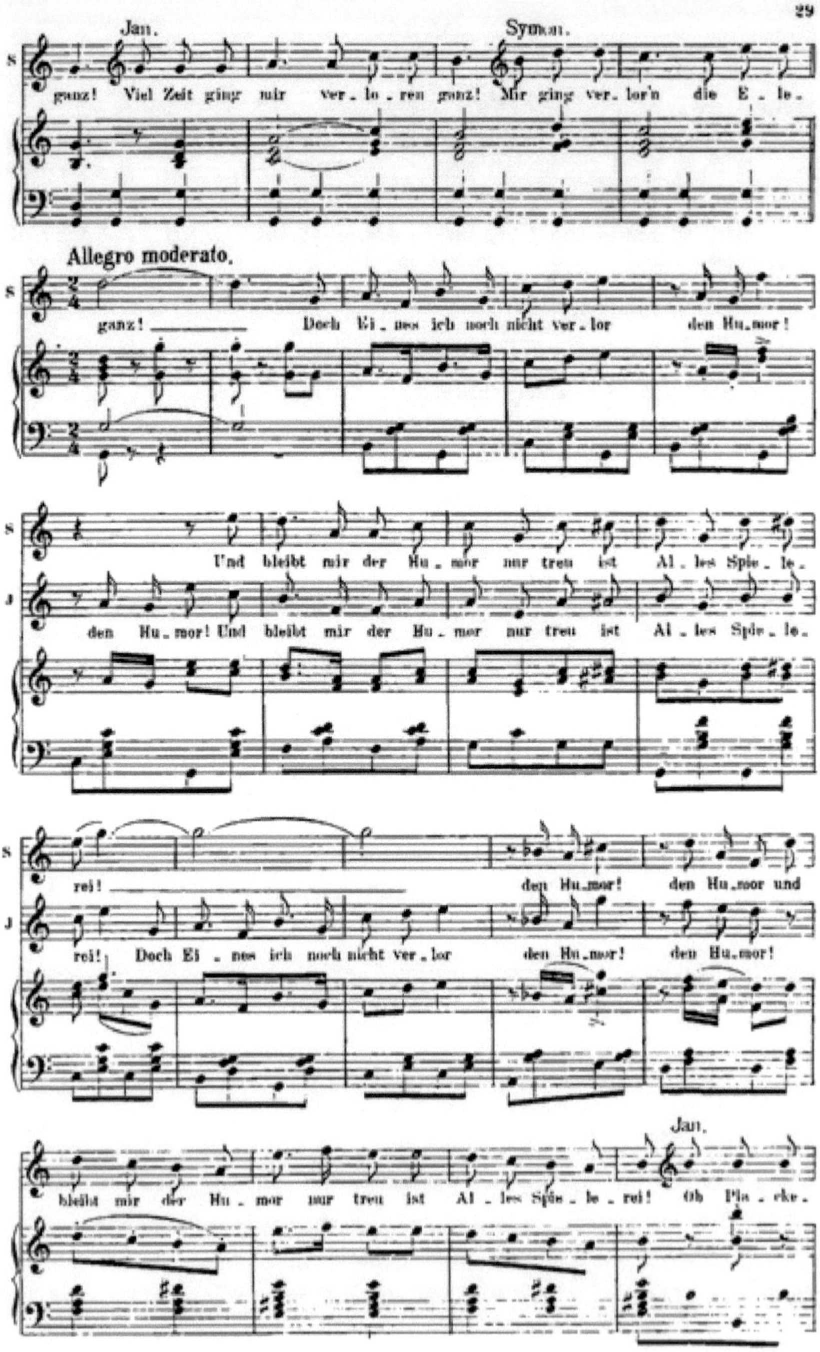
Jan.
Symon.
ganz! Viel Zeit ging mir ver-lo-ren ganz! Mir ging ver-lor'n die E-le-
Allegro moderato.
ganz! Doch Ei-nes ich noch nicht ver-lor den Hu-mor!
Und bleibt mir der Hu-mor nur treu ist Al-les Spie-le-
den Hu-mor! Und bleibt mir der Hu-mor nur treu ist Al-les Spie-le-
rei! den Hu-mor! den Hu-mor und
rei! Doch Ei-nes ich noch nicht ver-lor den Hu-mor! den Hu-mor!
Jan.
bleibt mir der Hu-mor nur treu ist Al-les Spie-le-rei! Oh Pla-ke-

№ 5. Auftritts-Terzett.

№ 6. Ensemble und Lied.

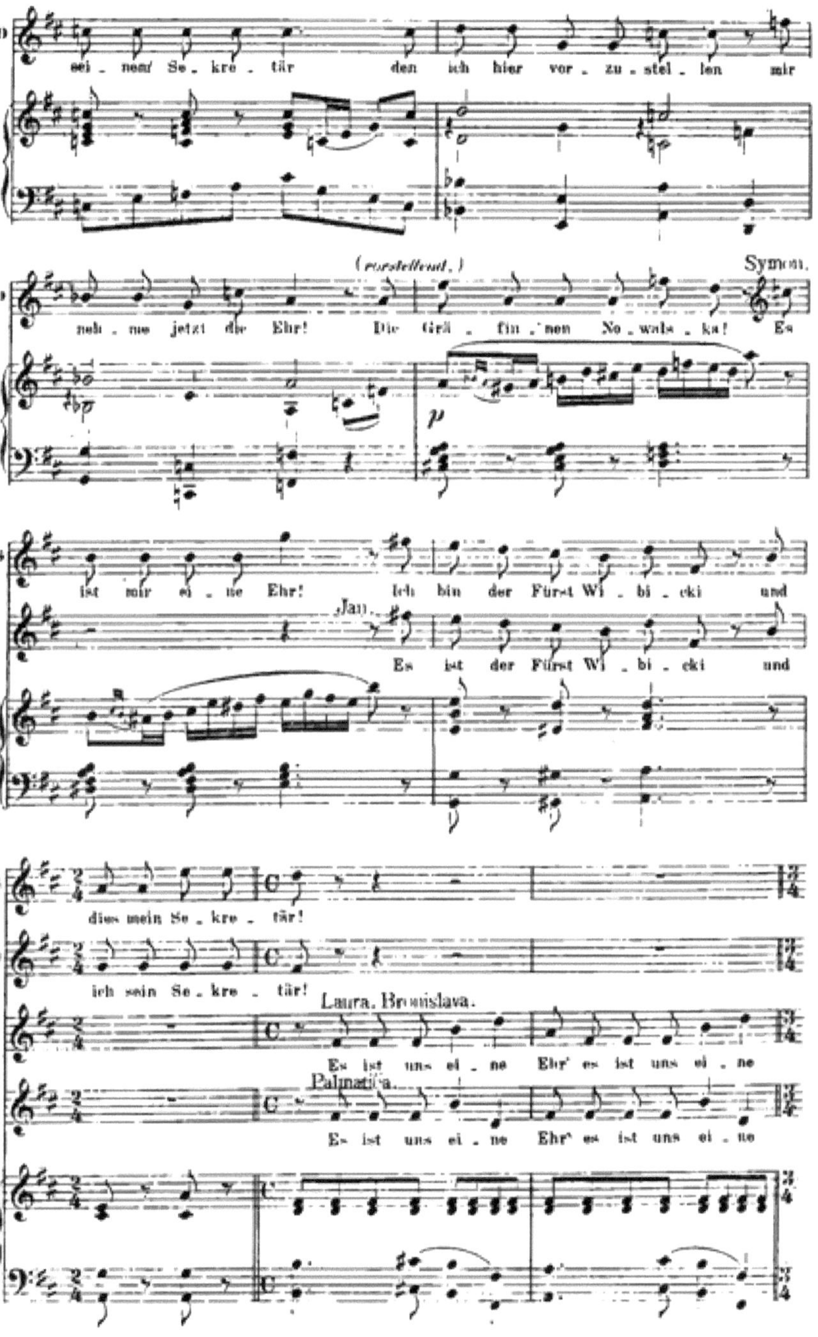
sei - nem Se - kre - tär den ich hier vor - zu - stel - len mir
(vorstellend.)
Symon.
neh - me jetzt die Ehr! Die Grä - fin - nen No - wals - ka! Es
p
ist mir ei - ne Ehr! Ich bin der Fürst Wi - bi - cki und
Jan.
Es ist der Fürst Wi - bi - cki und
dies mein Se - kre - tär!
ich sein Se - kre - tär!
Laura. Bronislava.
Es ist uns ei - ne Ehr' es ist uns ei - ne
Palmatica.
Es ist uns ei - ne Ehr' es ist uns ei - ne

Palmatica.
Lie-ber Fürst Sie müs-sen schon ver-zeih'n dass wir nicht in grand parure,

wie's wür-de pas-send sein bei dem Em-pfang von solch' il-lu-stren

Ca-va-lier!

Ach Gräfin braucht es Sammt und Seid' Schönheit strahlt auch im ein-

fach-sten Kleid!

Ollendorf. Fa-mos, fa-mos, sü-perb auf Ehr'_____!

Wangenheim.
Richthofen. Fa-mos, fa-mos, sü-perb auf Ehr'_____!

Schweinitz.
Henrici. Fa-mos, fa-mos, sü-perb auf Ehr'_____!

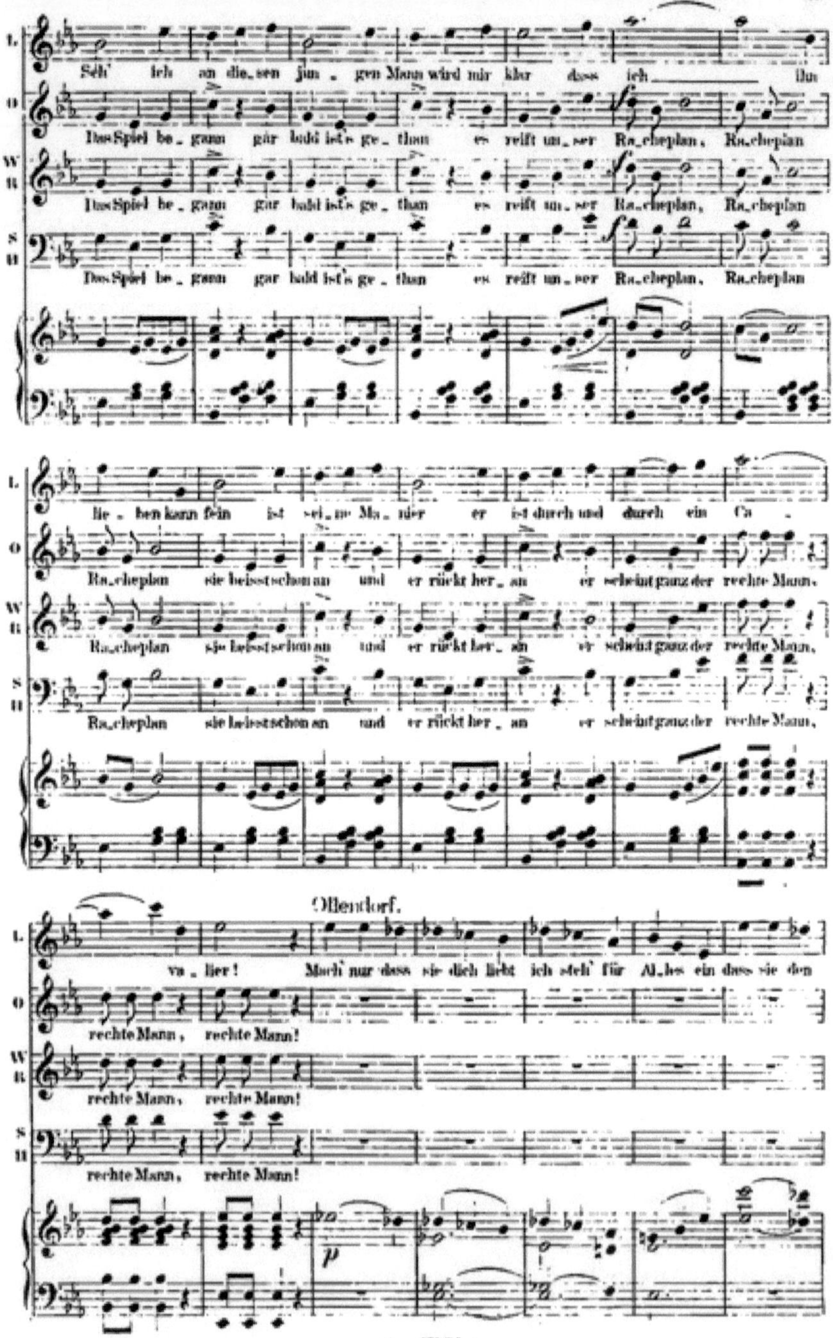
L.
O
W
B.
S
B.
Seh' ich an diesen jungen Mann wird mir klar dass ich ihn
Das Spiel begann gar bald ist's gethan es reift unser Racheplan, Racheplan
lieben kann fein ist seine Manier er ist durch und durch ein Ca-
Racheplan sie beisst schon an und er rückt heran er scheint ganz der rechte Mann,
valier!
rechte Mann, rechte Mann!
Ollendorf.
Mach' nur dass sie dich liebt ich steh' für Alles ein dass sie den
p

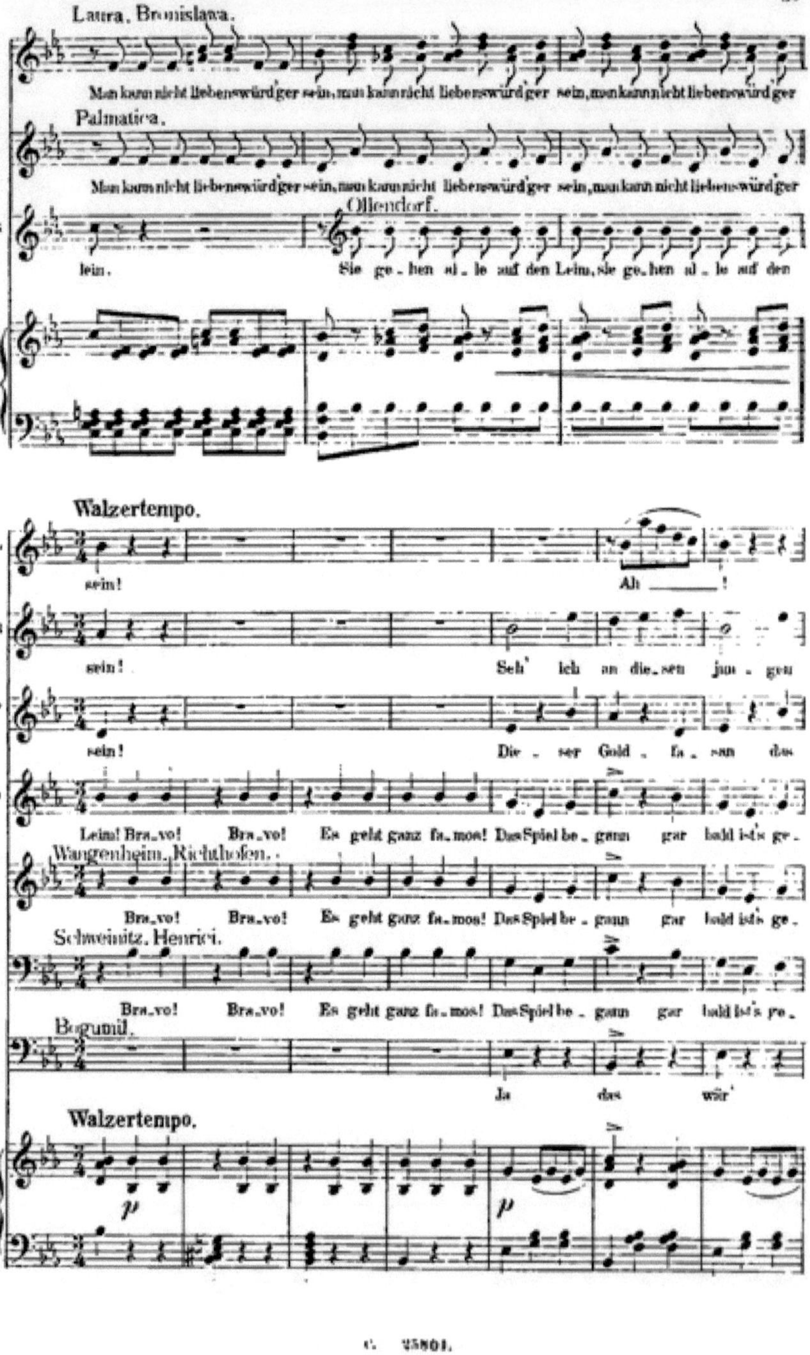
Laura, Bronislawa.
Man kann nicht liebenswürd'ger sein, man kann nicht liebenswürd'ger sein, man kann nicht liebenswürd'ger
Palmatica.
Man kann nicht liebenswürd'ger sein, man kann nicht liebenswürd'ger sein, man kann nicht liebenswürd'ger
Ollendorf.
S
lein. Sie ge_hen al_le auf den Leim, sie ge_hen al_le auf den
Walzertempo.
L
sein! Ah!
B
sein! Seh' ich an die_sen jun_gen
P
sein! Die_ser Gold_fa_san das
O
Leim! Bra_vo! Bra_vo! Es geht ganz fa_mos! Das Spiel be_gann gar bald ist's ge_
Wangenheim, Richthofen.
Bra_vo! Bra_vo! Es geht ganz fa_mos! Das Spiel be_gann gar bald ist's ge_
Schweinitz, Henrici.
Bra_vo! Bra_vo! Es geht ganz fa_mos! Das Spiel be_gann gar bald ist's ge_
Bogumil.
Ja das wär'
Walzertempo.
p
p

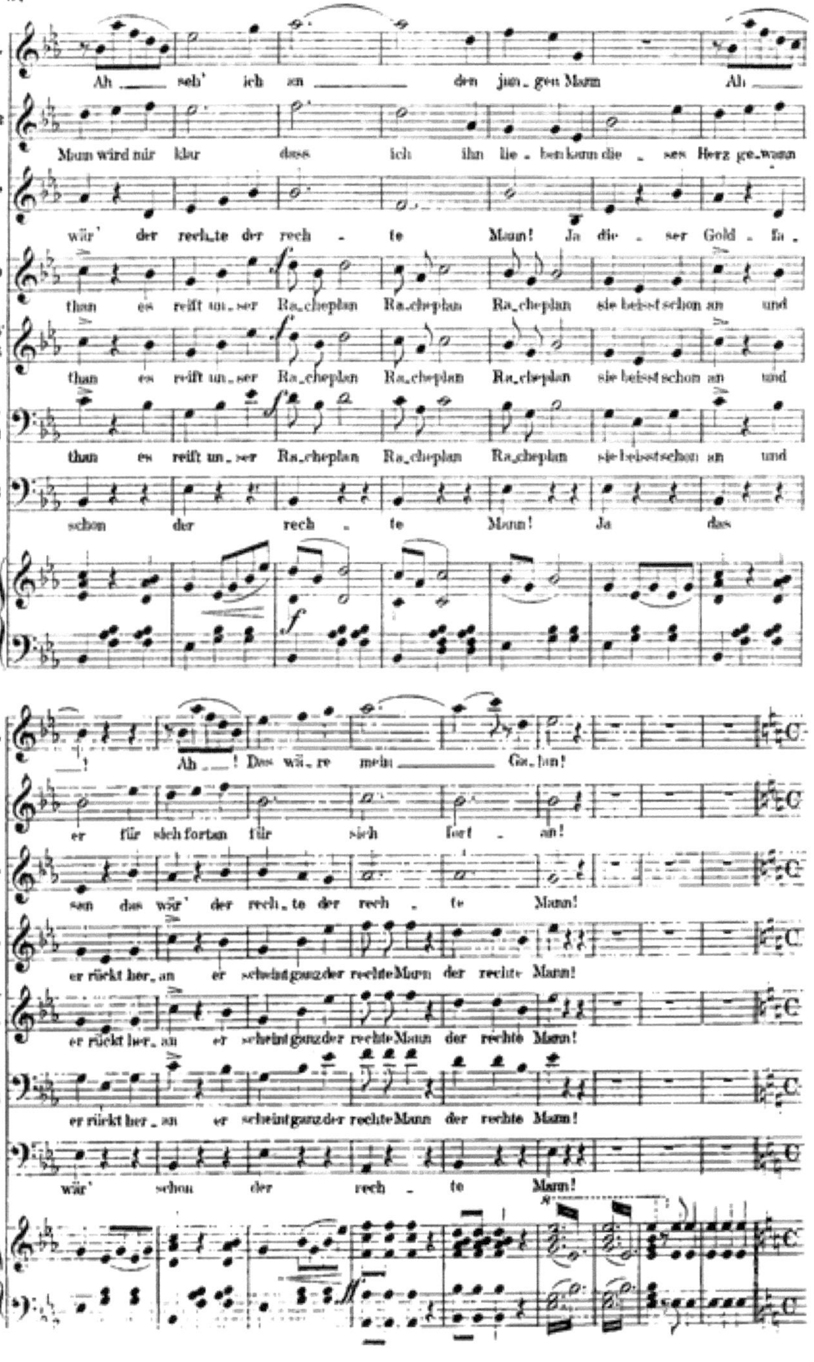
L. Ah __ seh' ich an ______ den jun_gen Mann Ah ___
R. Mann wird mir klar dass ich ihn lie_ben kann die_ses Herz ge_wann
P. wär' der rech_te der rech - te Mann! Ja die_ser Gold_fa_
O. than es reift un_ser Ra_cheplan Ra_cheplan Ra_cheplan sie beisst schon an und
W R. than es reift un_ser Ra_cheplan Ra_cheplan Ra_cheplan sie beisst schon an und
S H. than es reift un_ser Ra_cheplan Ra_cheplan Ra_cheplan sie beisst schon an und
B. schon der rech - te Mann! Ja das
L. __! Ah __! Das wä_re mein ______ Ga_lan!
R. er für sich fortan für sich fort - an!
P. san das wär' der rech_te der rech - te Mann!
O. er rückt her_an er scheint ganz der rechte Mann der rechte Mann!
W R. er rückt her_an er scheint ganz der rechte Mann der rechte Mann!
S H. er rückt her_an er scheint ganz der rechte Mann der rechte Mann!
B. wär' schon der rech - te Mann!

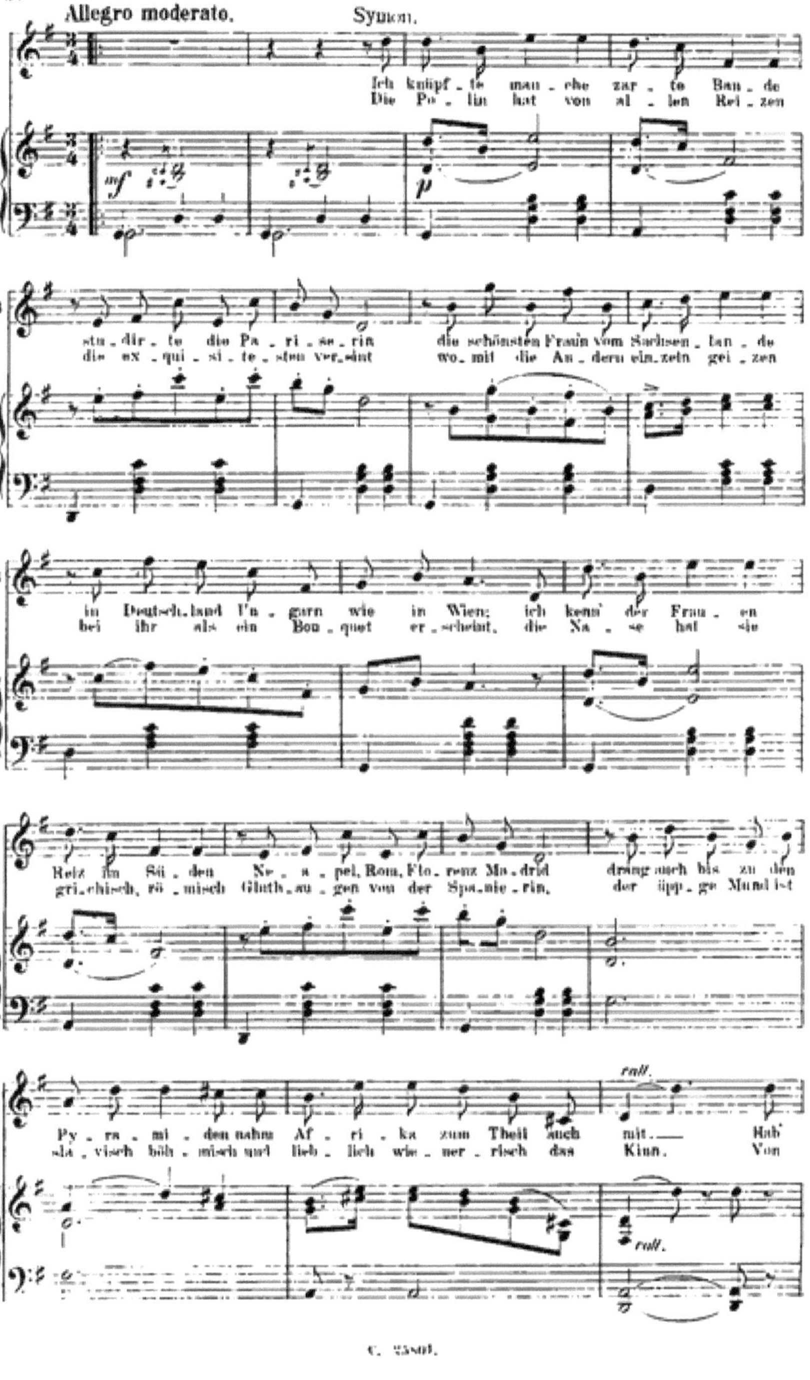
Allegro moderato.
Symon.
Ich knüpf - te man - che zar - te Ban - de
Die Po - lin hat von al - len Rei - zen
mf
p
stu - dir - te die Pa - ri - se - rin die schönsten Frau'n vom Sachsen - lan - de
die ex - qui - si - te - sten ver - eint wo - mit die An - dern ein - zeln gei - zen
in Deutsch - land Un - garn wie in Wien; ich kenn' der Frau - en
bei ihr als ein Bou - quet er - scheint, die Na - se hat sie
Reiz im Sü - den Ne - a - pel, Rom, Flo - renz Ma - drid drang auch bis zu den
gri - chisch, rö - misch Gluth - au - gen von der Spa - nie - rin, der üpp' - ge Mund ist
rall.
Py - ra - mi - den nahm Af - ri - ka zum Theil auch mit. Hab'
sla - visch böh - misch und lieb - lich wie - ner - risch das Kinn. Von
rall.

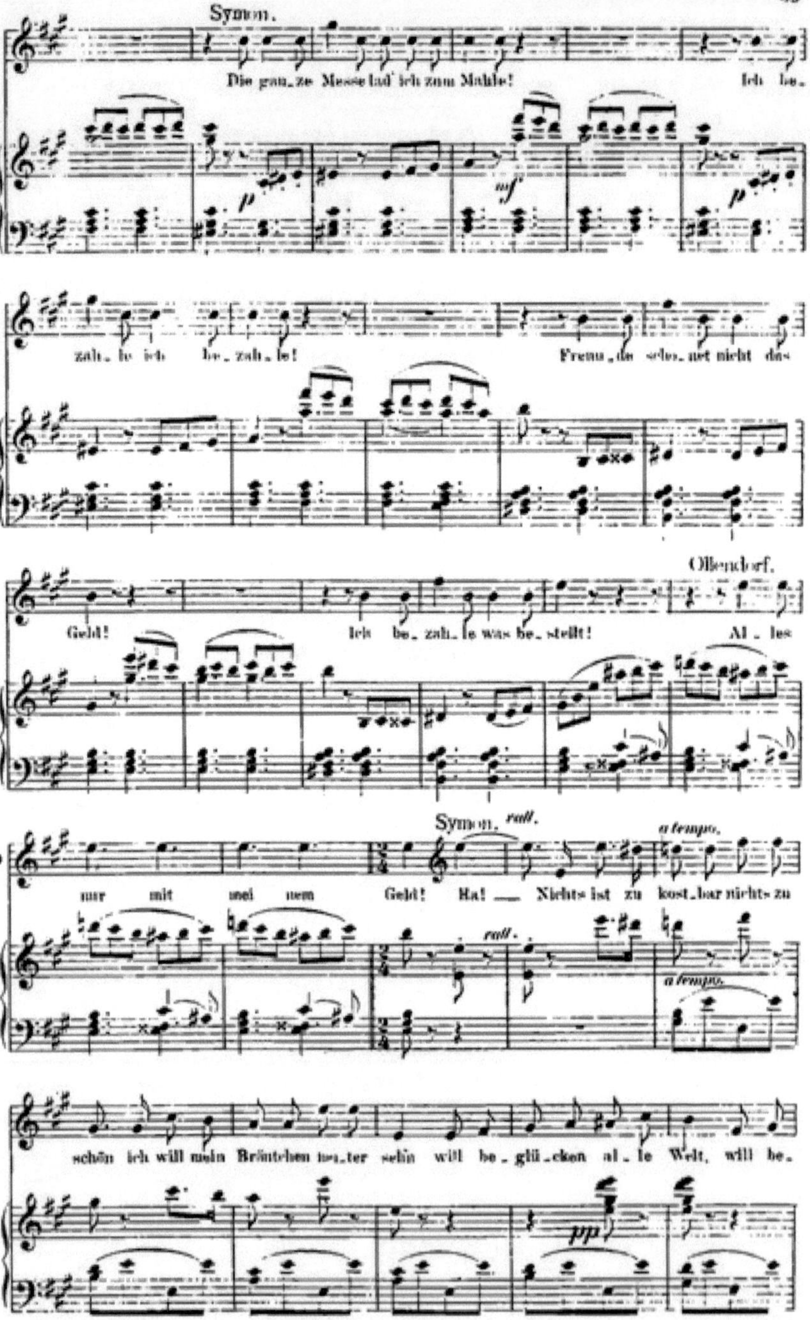
Symon.
Die gan_ze Messe lad' ich zum Mahle! Ich be.
zah_le ich be_zah_le! Freun_de schonet nicht das
Ollendorf.
Geld! Ich be_zah_le was be_stellt! Al_les
Symon.
rall.
a tempo.
nur mit mei nem Geld! Ha! Nichts ist zu kost_bar nichts zu
schön ich will mein Bräutchen hei_ter sehn will be_glü_cken al_le Welt, will be.
p
mf
pp

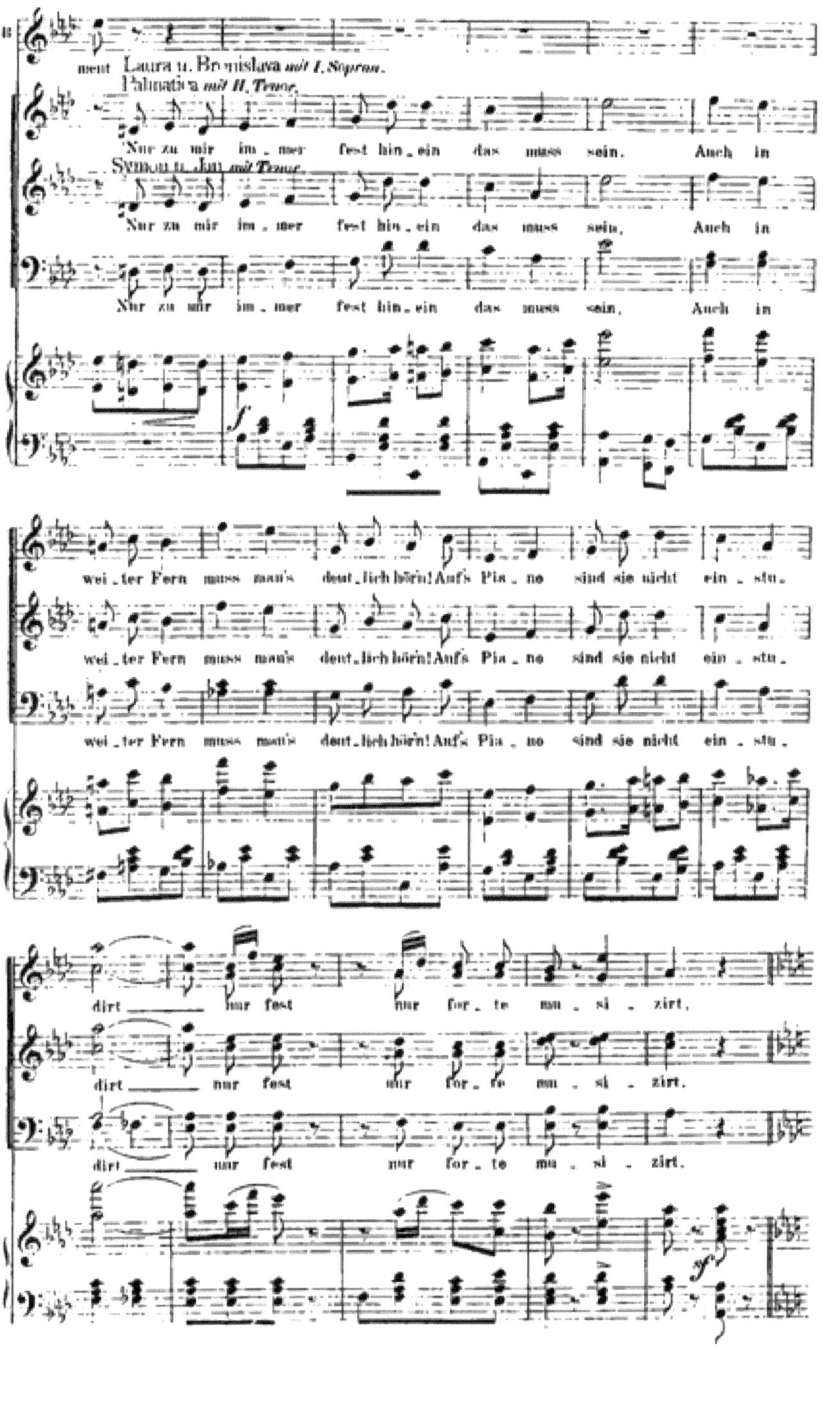
ment
Laura u. Bronislava mit I. Sopran.
Palmatica mit II. Tenor.
Nur zu mir im - mer fest hin - ein das muss sein. Auch in
Symon u. Jan mit Tenor.
Nur zu mir im - mer fest hin - ein das muss sein. Auch in
Nur zu mir im - mer fest hin - ein das muss sein. Auch in
f
wei - ter Fern muss man's deut - lich hör'n! Auf's Pia - no sind sie nicht ein - stu -
wei - ter Fern muss man's deut - lich hör'n! Auf's Pia - no sind sie nicht ein - stu -
wei - ter Fern muss man's deut - lich hör'n! Auf's Pia - no sind sie nicht ein - stu -
dirt nur fest nur for - te mu - si - zirt.
dirt nur fest nur for - te mu - si - zirt.
dirt nur fest nur for - te mu - si - zirt.
ff

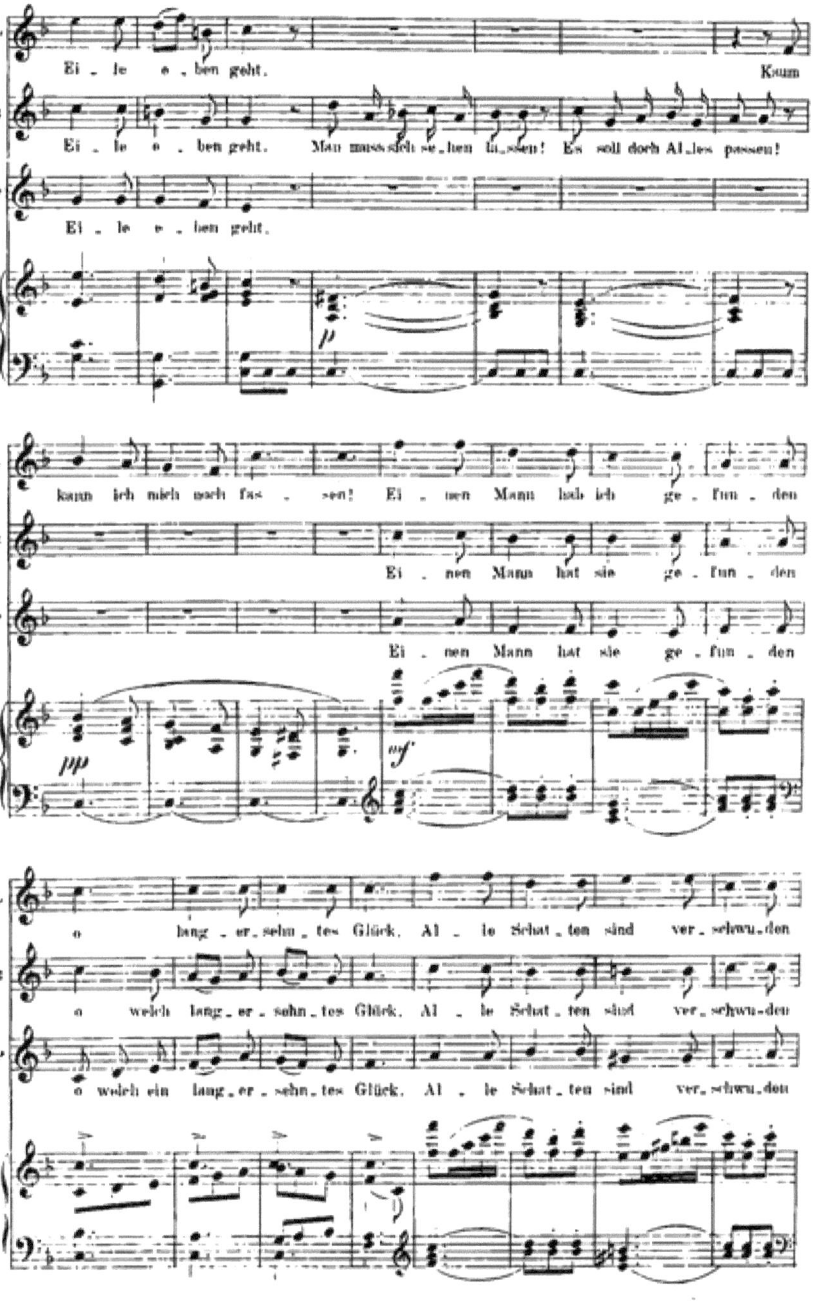
Ei - le e - ben geht. Kaum
Ei - le e - ben geht. Man muss sich se - hen las - sen! Es soll doch Al - les passen!
Ei - le e - ben geht.
kann ich mich noch fas - sen! Ei - nen Mann hab ich ge - fun - den
Ei - nen Mann hat sie ge - fun - den
Ei - nen Mann hat sie ge - fun - den
o lang - er - sehn - tes Glück. Al - le Schat - ten sind ver - schwu - den
o welch lang - er - sehn - tes Glück. Al - le Schat - ten sind ver - schwu - den
o welch ein lang - er - sehn - tes Glück. Al - le Schat - ten sind ver - schwu - den

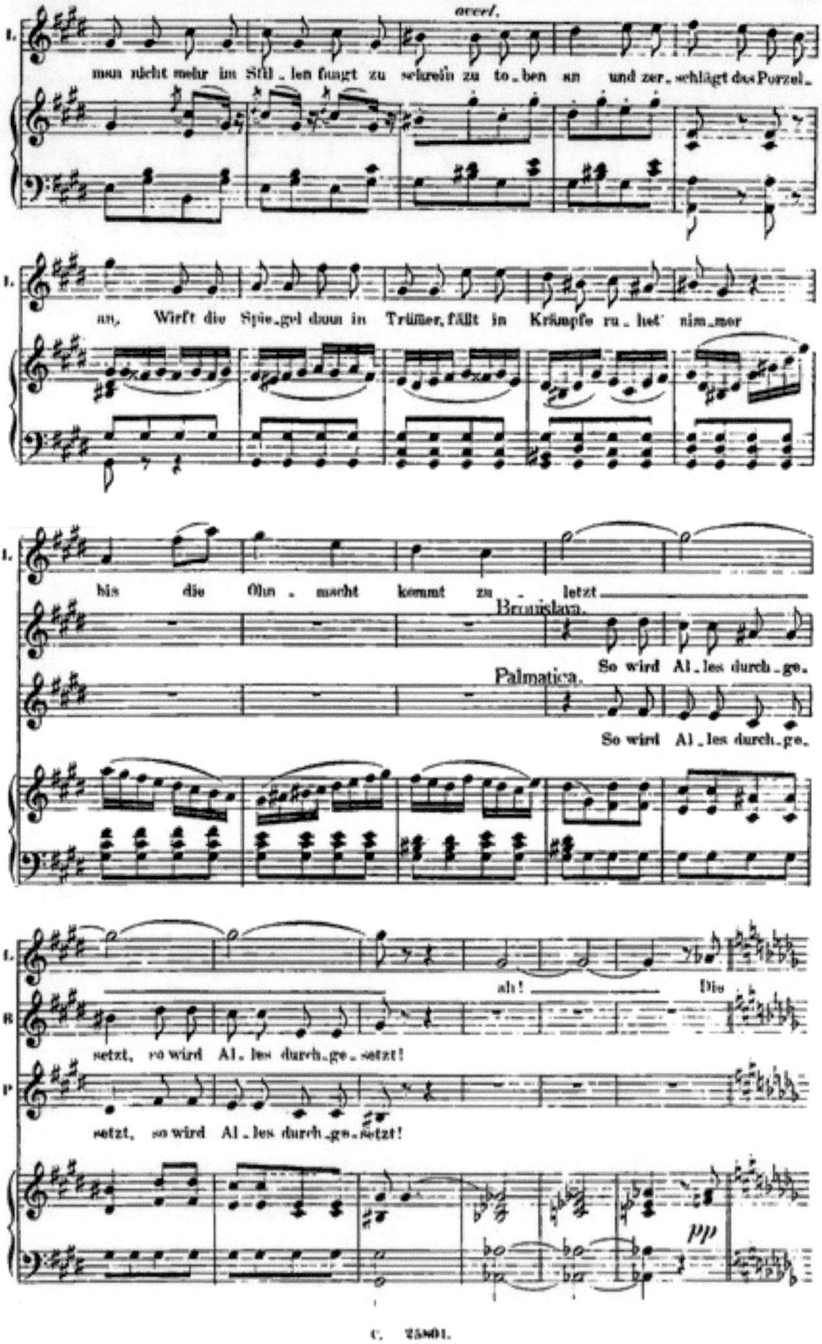
overl.
man nicht mehr im Stil_len fangt zu schrein zu to_ben an und zer_schlägt das Porzel_
lan, Wirft die Spie_gel dann in Trümer, fällt in Krämpfe ru_het nim_mer
bis die Ohn_macht kommt zu_letzt
Bronislava.
So wird Al_les durch_ge_
Palmatica.
So wird Al_les durch_ge_
ah! Die
setzt, so wird Al_les durch_ge_setzt!
setzt, so wird Al_les durch_ge_setzt!
pp

№ 9. Duett.

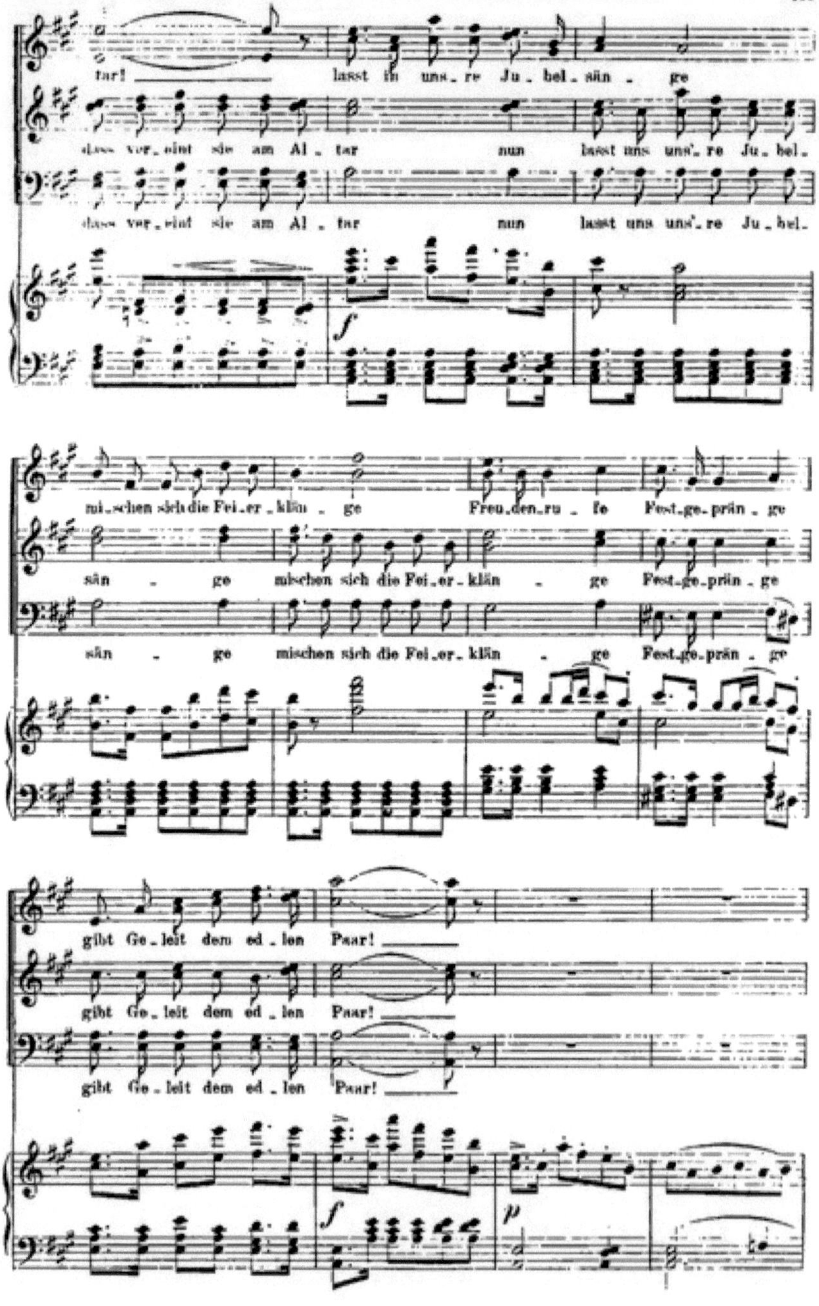
tar! lasst in uns-re Ju-bel-sän-ge
dass ver-eint sie am Al-tar nun lasst uns uns're Ju-bel-
dass ver-eint sie am Al-tar nun lasst uns uns're Ju-bel-
mi-schen sich die Fei-er-klän-ge Freu-den-ru-fe Fest-ge-prän-ge
sän-ge mischen sich die Fei-er-klän-ge Fest-ge-prän-ge
sän-ge mischen sich die Fei-er-klän-ge Fest-ge-prän-ge
gibt Ge-leit dem ed-len Paar!
gibt Ge-leit dem ed-len Paar!
gibt Ge-leit dem ed-len Paar!

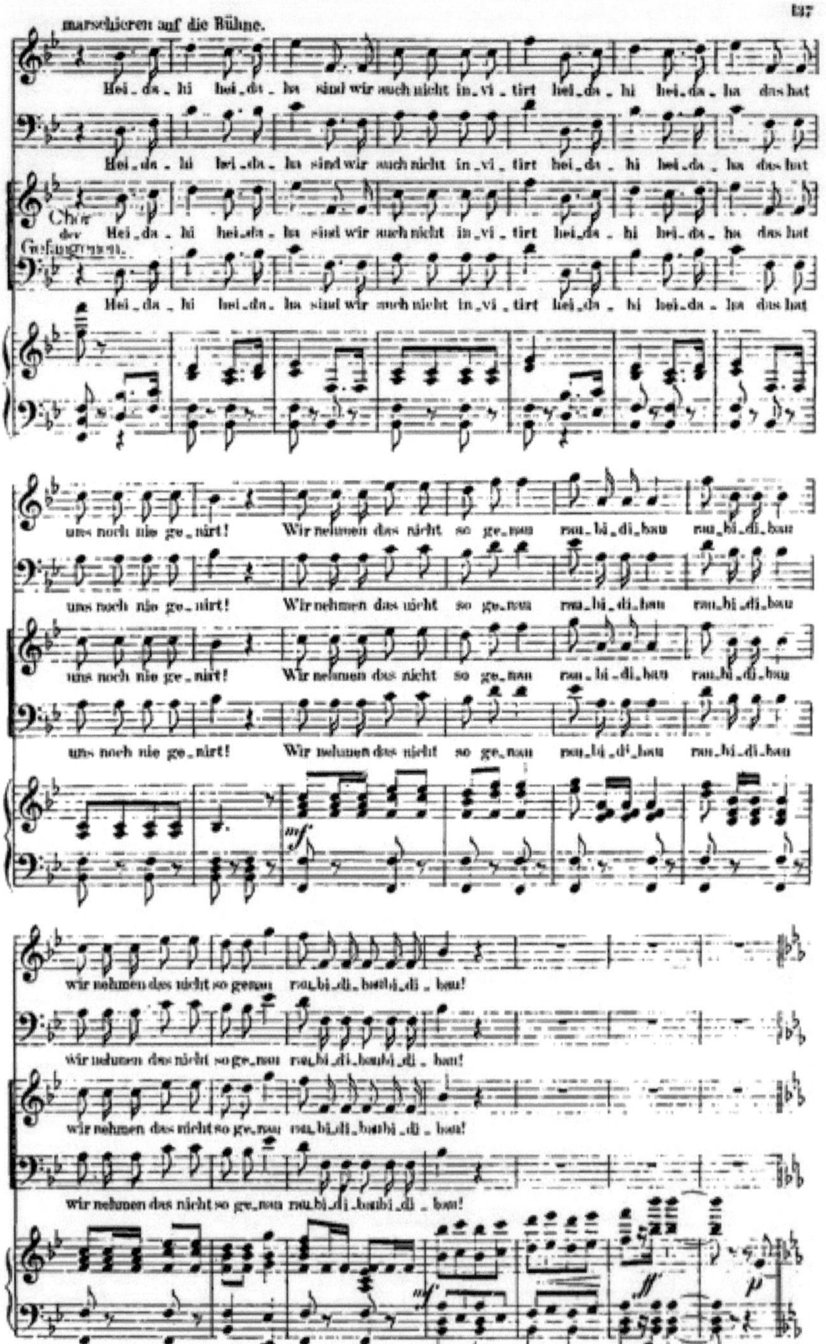
marschieren auf die Bühne.
Hei-da-hi hei-da-ha sind wir auch nicht in-vi-tirt hei-da-hi hei-da-ha das hat
Hei-da-hi hei-da-ha sind wir auch nicht in-vi-tirt hei-da-hi hei-da-ha das hat
Chor der Gefangenen.
Hei-da-hi hei-da-ha sind wir auch nicht in-vi-tirt hei-da-hi hei-da-ha das hat
Hei-da-hi hei-da-ha sind wir auch nicht in-vi-tirt hei-da-hi hei-da-ha das hat
uns noch nie ge-nirt! Wir nehmen das nicht so ge-nau rau-bi-di-bau rau-bi-di-bau
uns noch nie ge-nirt! Wir nehmen das nicht so ge-nau rau-bi-di-bau rau-bi-di-bau
uns noch nie ge-nirt! Wir nehmen das nicht so ge-nau rau-bi-di-bau rau-bi-di-bau
uns noch nie ge-nirt! Wir nehmen das nicht so ge-nau rau-bi-di-bau rau-bi-di-bau
wir nehmen das nicht so ge-nau rau-bi-di-bau-bi-di-bau!
wir nehmen das nicht so ge-nau rau-bi-di-bau-bi-di-bau!
wir nehmen das nicht so ge-nau rau-bi-di-bau-bi-di-bau!
wir nehmen das nicht so ge-nau rau-bi-di-bau-bi-di-bau!

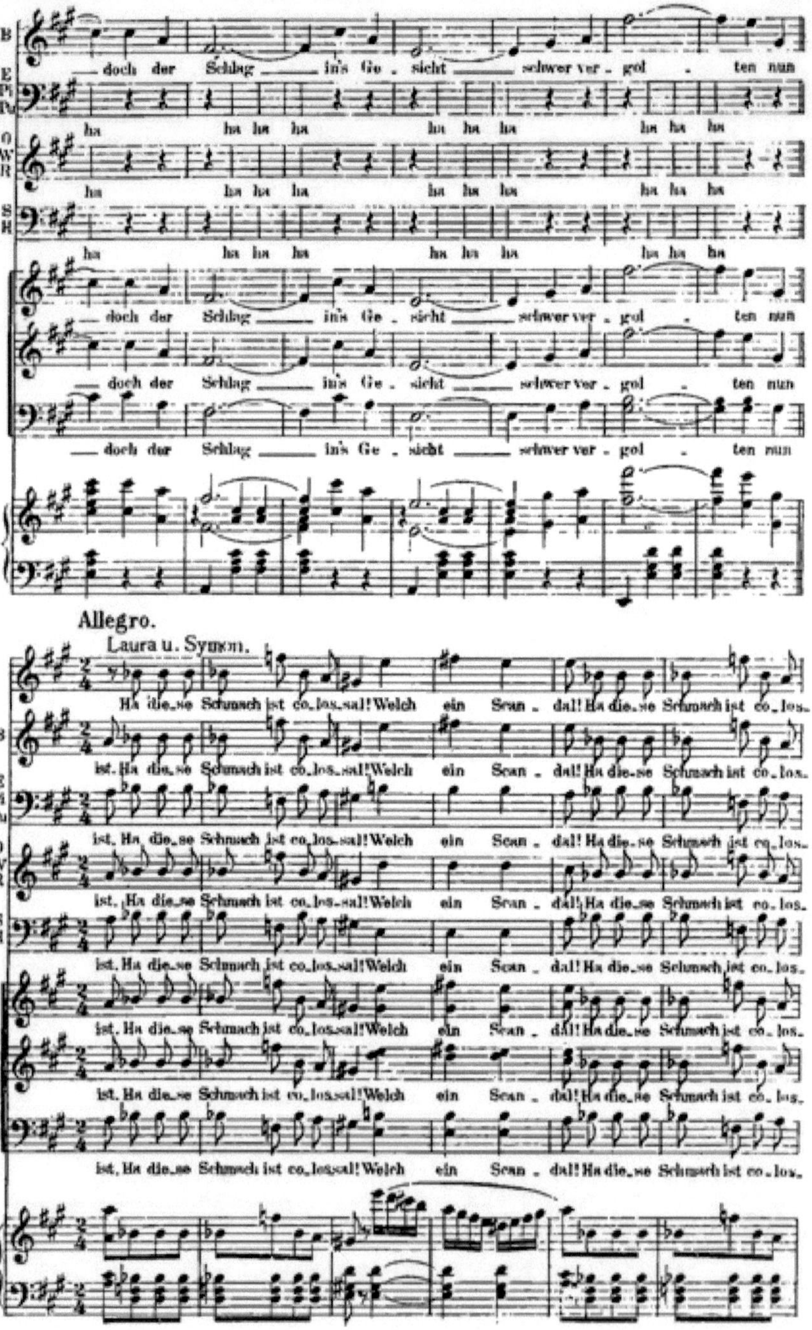
B
doch der Schlag in's Ge - sicht schwer ver - gol - ten nun
E Pi Pu
ha ha ha ha ha ha ha ha ha ha
O W R
ha ha ha ha ha ha ha ha ha ha
S H
ha ha ha ha ha ha ha ha ha ha
doch der Schlag in's Ge - sicht schwer ver - gol - ten nun
doch der Schlag in's Ge - sicht schwer ver - gol - ten nun
doch der Schlag in's Ge - sicht schwer ver - gol - ten nun
Allegro.
Laura u. Symon.
Ha die - se Schmach ist co - los - sal! Welch ein Scan - dal! Ha die - se Schmach ist co - los -
B
ist. Ha die - se Schmach ist co - los - sal! Welch ein Scan - dal! Ha die - se Schmach ist co - los -
E Pi Pu
ist. Ha die - se Schmach ist co - los - sal! Welch ein Scan - dal! Ha die - se Schmach ist co - los -
O W R
ist. Ha die - se Schmach ist co - los - sal! Welch ein Scan - dal! Ha die - se Schmach ist co - los -
S H
ist. Ha die - se Schmach ist co - los - sal! Welch ein Scan - dal! Ha die - se Schmach ist co - los -
ist. Ha die - se Schmach ist co - los - sal! Welch ein Scan - dal! Ha die - se Schmach ist co - los -
ist. Ha die - se Schmach ist co - los - sal! Welch ein Scan - dal! Ha die - se Schmach ist co - los -
ist. Ha die - se Schmach ist co - los - sal! Welch ein Scan - dal! Ha die - se Schmach ist co - los -

№ 15. Introduction.

№ 16. Couplet.

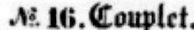

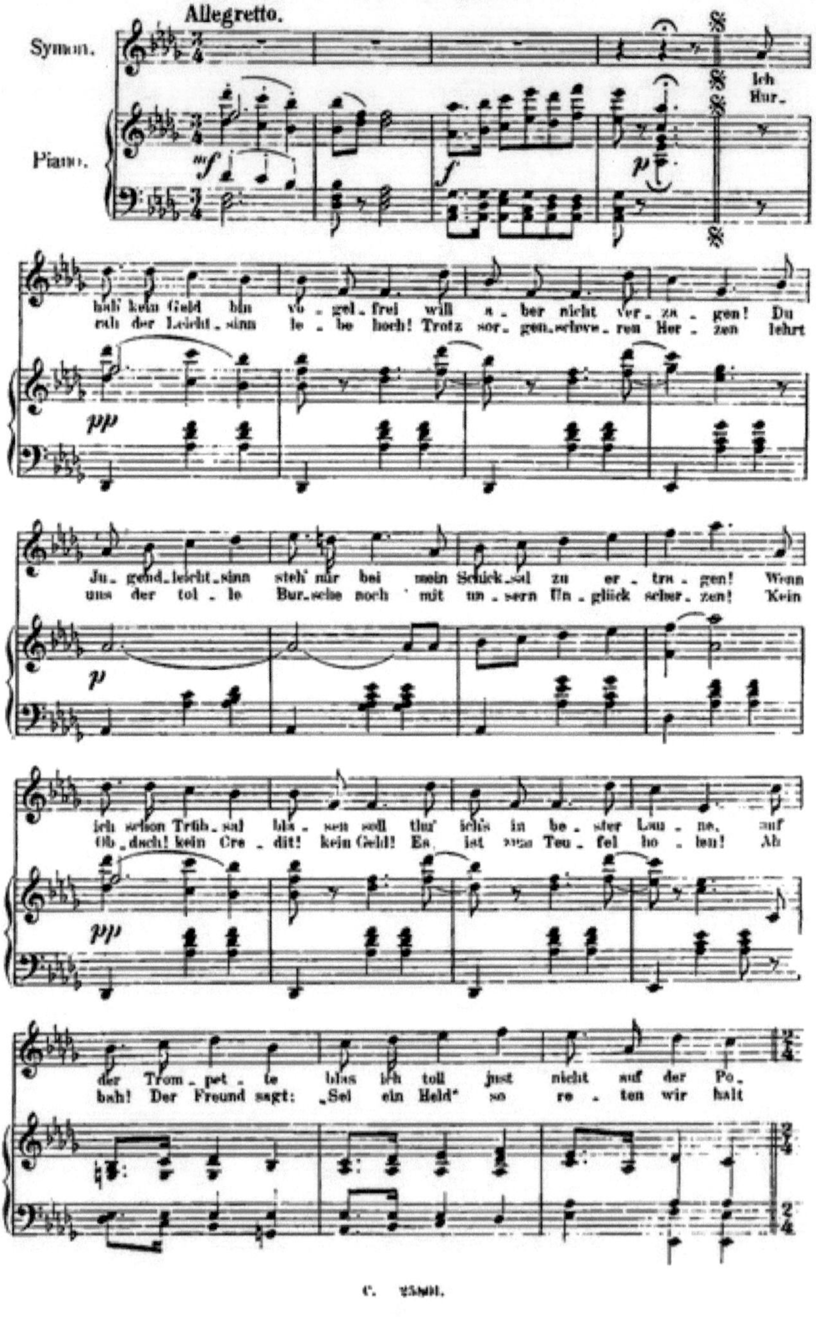
Allegretto.
Symon.
Piano.
mf
f
p
pp
Ich hab' kein Geld bin vo-gel-frei will a-ber nicht ver-za-gen! Du
Hur-rah der Leicht-sinn le-be hoch! Trotz sor-gen-schwe-ren Her-zen lehrt
Ju-gend-leicht-sinn steh' mir bei mein Schick-sal zu er-tra-gen! Wenn
uns der tol-le Bur-sche noch mit un-sern Un-glück scher-zen! Kein
ich schon Trüb-sal bla-sen soll thu' ich's in be-ster Lau-ne, auf
Ob-dach! kein Cre-dit! kein Geld! Es ist zum Teu-fel ho-len! Ah
der Trom-pe-te blas ich toll just nicht auf der Po-
bah! Der Freund sagt: „Sei ein Held" so re-ten wir halt

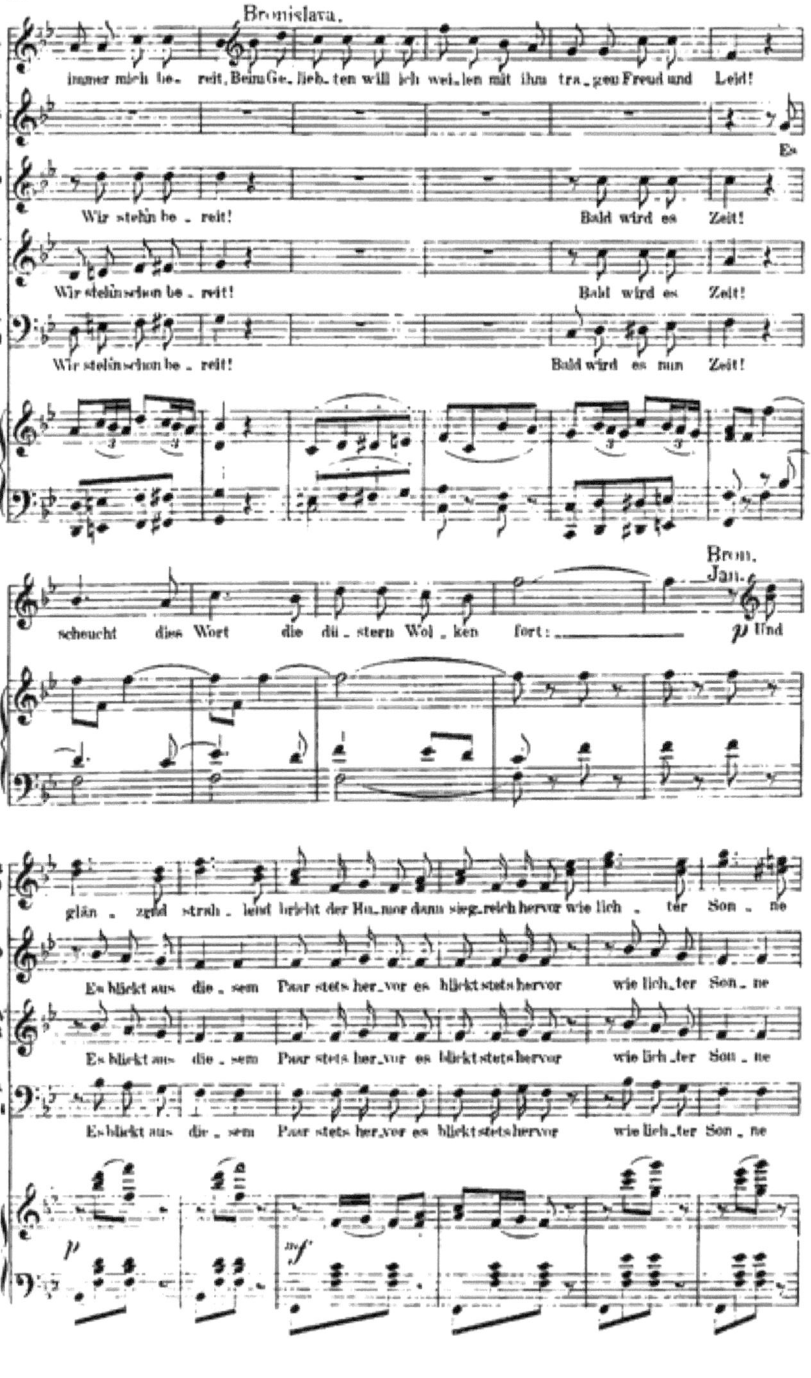
Bronislava.
L.
immer mich be_reit, Beim Ge_lieb_ten will ich wei_len mit ihm tra_gen Freud und Leid!
S
Es
O
Wir stehn be_reit! Bald wird es Zeit!
W
B
Wir stehn schon be_reit! Bald wird es Zeit!
S
B
Wir stehn schon be_reit! Bald wird es nun Zeit!
scheucht dies Wort die dü_stern Wol_ken fort:
Bron.
Jan.
p Und
S
J
glän_zend strah_lend bricht der Hu_mor dann sieg_reich hervor wie lich_ter Son_ne
O
Es blickt aus die_sem Paar stets her_vor es blickt stets hervor wie lich_ter Son_ne
W
B
Es blickt aus die_sem Paar stets her_vor es blickt stets hervor wie lich_ter Son_ne
S
B
Es blickt aus die_sem Paar stets her_vor es blickt stets hervor wie lich_ter Son_ne
p
mf

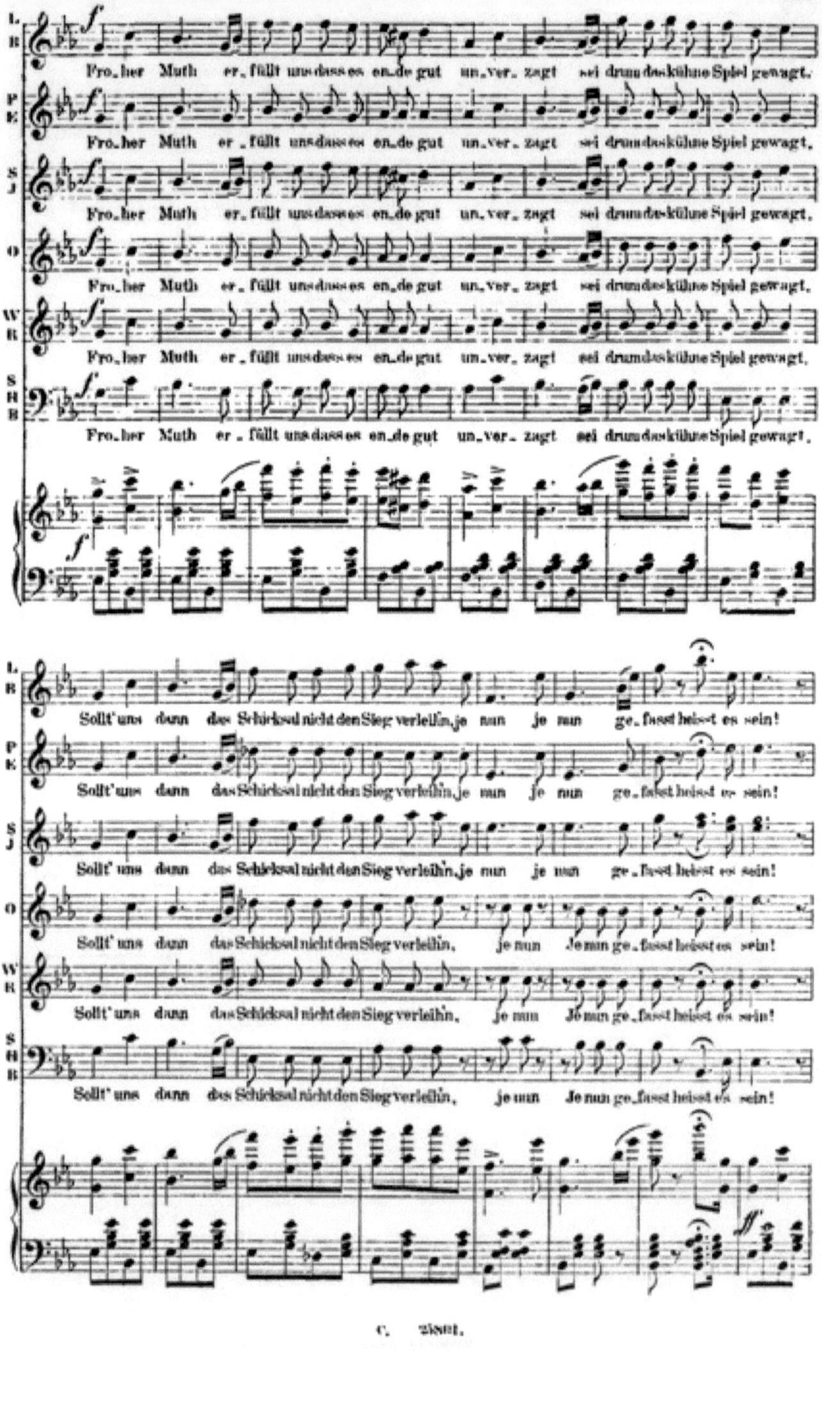
L B
Fro_her Muth er_füllt uns dass es en_de gut un_ver_zagt sei drum das kühne Spiel gewagt.
P E
Fro_her Muth er_füllt uns dass es en_de gut un_ver_zagt sei drum das kühne Spiel gewagt.
S J
Fro_her Muth er_füllt uns dass es en_de gut un_ver_zagt sei drum das kühne Spiel gewagt.
O
Fro_her Muth er_füllt uns dass es en_de gut un_ver_zagt sei drum das kühne Spiel gewagt.
W R
Fro_her Muth er_füllt uns dass es en_de gut un_ver_zagt sei drum das kühne Spiel gewagt.
S H B
Fro_her Muth er_füllt uns dass es en_de gut un_ver_zagt sei drum das kühne Spiel gewagt.
L B
Sollt' uns dann das Schicksal nicht den Sieg verleih'n, je nun je nun ge_fasst heisst es sein!
P E
Sollt' uns dann das Schicksal nicht den Sieg verleih'n, je nun je nun ge_fasst heisst es sein!
S J
Sollt' uns dann das Schicksal nicht den Sieg verleih'n, je nun je nun ge_fasst heisst es sein!
O
Sollt' uns dann das Schicksal nicht den Sieg verleih'n, je nun Je nun ge_fasst heisst es sein!
W R
Sollt' uns dann das Schicksal nicht den Sieg verleih'n, je nun Je nun ge_fasst heisst es sein!
S H B
Sollt' uns dann das Schicksal nicht den Sieg verleih'n, je nun Je nun ge_fasst heisst es sein!

Melodram.
Marschtempo.